MARSEILLE NOUVELLE

1856

BARTHÉLEMY

PARIS
IMPRIMERIE CENTRALE DE NAPOLÉON CHAIX ET Cie
Rue Bergère, 20, près du boulevard Montmartre.

MARSEILLE NOUVELLE

1856

BARTHÉLEMY

PARIS
IMPRIMERIE CENTRALE DE NAPOLÉON CHAIX ET Cie
RUE BERGÈRE, 20, PRÈS DU BOULEVART MONTMARTRE

1856

MARSEILLE NOUVELLE

PROSPERO

Now does my project to a head; my charms crack not; my spirits obey; and time goes upright with his carriage.

PROSPERO

Enfin toutes les parties de mon projet se réunissent ; mes espérances n'ont failli sur aucun point. Mes esprits m'obéissent et le temps marche, tête levée, chargé de ce qu'il apporte.

SHAKESPEARE, *la Tempête*, acte V, scène I.

*Fuit hæc, subit ista; novisque
Excellens meritis, veterem præstringit honorem.*

AUSONE.

Que dirait aujourd'hui l'errante colonie

Qui vint fonder nos murs, des bords de l'Ionie ;

Ou plutôt, que dirait tout homme de nos temps

Qui, du sol marseillais sorti depuis vingt ans,

Sur les rochers d'*Endoume* et le *Mont-Bonaparte*

Rencontrerait un fleuve inconnu sur la carte,

Et vers les feux du ciel *la Plaine* dirigeant

Un jet d'eau qui retombe en panache d'argent ?

Que dirait-il, celui que *Jarret* et l'*Huveaune*

Soulageaient autrefois d'une douteuse aumône,

De voir de frais ruisseaux sur ces âpres cailloux,

Dont nous raillèrent tant les visiteurs jaloux ?

D'entendre, au mois de juin, sous un ciel du Bengale,

Coasser la grenouille où chantait la cigale ?

Que dirait-il devant ce magique tableau

Qui détruit l'antithèse entre *Marseille* et l'eau ?

Il resterait muet d'étonnement. Que dis-je ?...

Il se croirait d'abord le jouet d'un prestige ;

Puis, quand il saurait tout, il courberait son front,

Ainsi que je l'ai fait, ainsi que tous feront ;

Il bénirait la main qui, dans nos champs arides,

A transporté l'Éden, le climat des Florides,

Le Moïse nouveau par qui mille torrents

Coulent dans notre Horeb en flots désaltérants,

Le vainqueur des rochers, le conquérant d'un fleuve,

Le régénérateur dont le prodige abreuve

Nos squares, nos villas, nos vignes, nos moissons,

MONTRICHER, le plus grand de tous les échansons,

MONTRICHER, nom sacré par la reconnaissance,
Un de ces rares noms que tout un peuple encense,
De ces noms que l'oubli n'aura jamais couverts,
Qui planent dans l'histoire et grandissent le vers.

Et que ne dirait pas le même Épiménide,
Ce Marseillais, réduit à demander un guide,
Quand du talus voisin de l'antique *Major*,
Où la Grèce invoquait Diane au carquois d'or,
Au lieu de cette plage aux désertes bordures,
Dont la vague, en grinçant, fouettait les roches dures,
Il verrait à ses pieds, pour arrêter les flots,
Un quai monumental subitement éclos ?
Quand il verrait, autour de l'onde interceptée,
Ce môle, déroulant sa quadruple jetée,
Que posa dans le gouffre, en cubique béton,
Le modeste PASCAL, ingénieur triton ?
Quel dédale mouvant de fils inextricables !
Là, le cri des marins se mêle au bruit des câbles ;
Là se dresse, se croise un symétrique amas
De voiles, de vapeurs, de vergues et de mâts ;
Reposoir toujours sûr où la vague amortie

Protége également l'accès et la sortie,

Mouillage au fond limpide, à l'air suave et sain,

Contraste humiliant pour notre vieux bassin.

Aussi, quand les vaisseaux de toutes les contrées

Surgissent aujourd'hui devant les deux entrées,

Ceux qui du *fort Saint-Jean* doivent franchir le seuil,

Frissonnent, devant lui, de terreur et de deuil ;

Ils mettraient volontiers leurs pavillons en berne,

Car ils savent trop bien qu'ils vont, dans cet Averne,

Trouver des flots vaseux, des débris pestilents,

Des rangs pressés, massifs, qui déchirent leurs flancs.

Et quand pour le départ le pilote appareille,

Ils marquent d'un trait noir l'insalubre *Marseille*,

Pressés de voir s'ouvrir un plus large horizon,

Comme s'ils s'échappaient d'une infecte prison ;

Tandis que les élus, dont la route est mieux prise,

Mêlant leurs chants joyeux au souffle de la brise,

Dans l'enceinte rivale entrent pour n'en sortir

Qu'avec de longs adieux à la nouvelle Tyr.

Le monde avait besoin de cette hôtellerie :

C'était une œuvre due, ô ma douce patrie,
A ta splendeur si grande et qui grandit toujours,
A ta richesse, à toi le plus beau des séjours,
A toi qui, choisissant pour trône une carène,
Sur les mers du Midi seras toujours la reine !
Tu ne suffisais plus à loger tes vassaux ;
Ton vieux havre engorgé repoussait les vaisseaux ;
Les uns vers d'autres ports retournaient leur mâture,
Les autres sur ton golfe erraient à l'aventure,
Avant qu'à ces steam-boats, à ces pesants voiliers
La Joliette ouvrît ses bras hospitaliers.
Mais on dirait vers toi qu'un souffle les aimante :
Plus l'espace est accru, plus l'arrivage augmente ;
L'un et l'autre bassin, dans leurs contours étroits,
Ne les renferment plus qu'à peine : il en faut trois.
A l'œuvre ! pour tenir cette foule nombreuse,
Qu'un troisième soit fait ! Qu'ai-je dit ? il se creuse,
Il se pose déjà sur le gouffre profond,
Le double du premier, le triple du second,
Afin que les convois des hôtes maritimes,
Les noirs Léviathans qui fendent les abîmes,
Se puissent reposer à l'aise et se mouvoir,

Avec tous leurs agrès, dans ce beau réservoir.
A l'œuvre! on le verra bientôt entre deux phares,
De son immensité couvrir cinquante hectares,
Barrer la haute mer de son talus tranchant,
Et du *dock Talabot* courir vers le Couchant,
Jusqu'aux sables d'*Arenc* où, déchu de sa gloire,
Le *Château-Vert* n'est plus qu'un désert promontoire.

Suivez cette échancrure où, par bonds successifs,
Les flots tourmentent l'algue et mordent les récifs,
Ce morne déchiré, cette rugueuse terre,
Ces décombres, pareils aux cendres d'un cratère,
Savez-vous ce que c'est? Un chemin spacieux
Où gronderont bientôt la grue et les essieux.
Ces abruptes hauteurs, ces rochers, cette pente
Où du blanc *Lazaret* la muraille serpente,
Vont rouler et descendre au tourbillon marin ;
La houle se transforme en solide terrain :
Chaque vague devient une dalle massive.
Mais quoi! ne verra-t-on nul toit sur cette rive?
Ces arpents ajoutés à la frange des mers
Ne seront-ils jamais que de chauves déserts?

Et ce môle, exhaussé par des travaux si rudes,
Doit-il n'être bordé que par des solitudes ?
Non sans doute ; mais l'œuvre est celle d'un géant,
Car c'est une autre ville à tirer du néant,
Une épave qu'il faut arracher à deux maîtres :
Il s'agit de bâtir quatre cent mille mètres.

Pour un pareil effort, dans le monde connu
Un homme existe-t-il ? Oui, cet homme est venu,
Homme d'heureuse audace entre les moins timides,
D'une foi qui ferait marcher les pyramides,
Pionier, architecte, habile agitateur
De tous les confluents de l'or.... un créateur,
Un de ces esprits sûrs qui d'un coup d'œil immense,
Jugent l'œuvre accomplie avant qu'elle commence,
Devinent dans un grain l'épi qui doit jaunir,
Et dans le jour présent condensent l'avenir.

Il est apparu, seul, sans détours, sans mystères,
Devant nos magistrats, deux édiles austères
Dont *Marseille* inscrira les noms au livre d'or :
Ce noble Crèvecoeur, prêt à suivre l'essor

De tout bienfait public, de toute œuvre féconde,
Et dont la fermeté, malgré tout, les seconde ;
Et le calme Honnorat, qui fait le bien sans bruit,
Esprit sage et prudent dont le zèle poursuit
L'œuvre que Chantérac, après l'avoir lancée,
Protége encor de loin dans la même pensée.
Alors, avec sa voix, boussole du crédit,
Un éclair dans les yeux, cet homme leur a dit :
« Voici vingt millions ; livrez-moi vos espaces,
» Livrez-moi ce désert couturé de crevasses,
» Ce rivage où la mer se dessine en croissant ;
» Et vous verrez jaillir un site ravissant
» De ce tuf sablonneux, de cette grève immonde ;
» Livrez-moi ce chaos pour que j'en fasse un monde. »
Voilà ce que dit l'homme ; un immuable sceau
De ces trois volontés consacra le faisceau.

Mais, pour réaliser les destins qu'il annonce,
Quel terme assigne-t-il ? Saluez sa réponse :
Déjà les fondements sur le roc sont blottis,
Déjà sous le bélier tremblent les pilotis ;
C'est *Prospero* qui tient la baguette d'Alcine,

Partout jaillit du sol, que son regard fascine,
La forme des hôtels, parallèles au port,
Où viendra s'installer le moderne confort ;
Sur ces terrains coupés qu'en tremblant on traverse,
Voyez surgir déjà le Louvre du commerce,
Et ces façades fuir en splendides rideaux,
Rivale des *Chartrons*, juste orgueil de Bordeaux,
Telles que Paris même à peine les étale
Au quartier *Rivoli*, gloire monumentale.

Là, l'artiste prodigue au dedans, au dehors,
Tout ce que la sculpture inventa de trésors,
Les guipures de pierre, ouvrage de féerie,
Les frontons incrustés de marbres d'Algérie,
Les moresques balcons qui se mirent dans l'eau,
Et d'où la vue embrasse un radieux tableau :
C'est le vaisseau lointain dont la poulaine glisse
Sous la voile blanchâtre ou l'invisible hélice ;
C'est l'orageux *Couronne* aux mamelons brûlants,
Le *Château-d'If*, rasé par les lourds goëlands ;
C'est le *Fort* qui, gardé par la sainte madone,
Pour tout vaisseau nocturne et s'éveille et bourdonne ;

Des foyers *catalans* c'est le groupe onduleux,
Et les pins toujours verts penchés sur les flots bleus ;
C'est le roc du *Frioul* où dort la quarantaine,
Planier dressant, la nuit, son étoile incertaine ;
Le cap où l'Empereur s'édifie un palais ;
Et tout l'enchantement du golfe marseillais.

Telle sera, telle est la splendide auréole,
La ligne de décors que présente le môle ;
Et derrière ces murs, de luxe éblouissants,
Combien d'autres quartiers se dressent en tous sens,
Chacun formant une île, un bloc quadrangulaire,
Que visite un air pur, qu'un libre espace éclaire,
Où, sur le grand chemin par Macadam construit,
D'hydrogènes flambeaux rayonnent dans la nuit !
Derrière encor, plus loin, vers les hauteurs voisines,
Écoutez ce fracas d'ateliers et d'usines ;
Allons voir ces leviers, ces engrenages lourds,
Ces cylindres de fonte épais comme des tours,
Qui, tels que des géants échauffés de la lutte,
Tournent, en s'effleurant, cinq cents fois par minute ;
Puissant laboratoire, où, par mille ressorts,

L'arcane industriel centuple ses efforts.

Là, le marbre se fend, sous le tranchant des scies,

En limpides vitraux, en feuilles amincies ;

Ici, de la chaudière en sirop ruisselant,

La mélasse improvise un cône étincelant ;

Plus loin coule à flots d'or l'onctueuse sésame ;

Et quel puissant moteur à ces corps donne l'ame ?

Qui leur souffle la vie ? Approchez tous, sans peur,

Approchez ! ce n'est pas l'homicide vapeur,

Cette houille coûteuse arrachée à la terre

Et qui roule un nuage obscur et délétère ;

C'est un élément pur exhalant un air frais,

Une onde inoffensive acquise à moins de frais,

C'est ce fleuve sauveur que notre culte range

Parmi les fleuves saints, le Nil, l'Indus, le Gange ;

La *Durance*, que verse, après un long détour,

L'arc-en-ciel de granit qu'on nomme *Roc-Favour*.

Nous pouvons le prédire : éclairés pas l'exemple,

D'autres viendront bientôt faire l'œuvre plus ample ;

C'est un de ces élans suprêmes, continus,

Qu'on ne peut enrayer quand les temps sont venus ;

Le soleil n'aura pas trois fois mûri l'olive,

Que des milliers de toits peupleront cette rive ;

Qu'artisans et bourgeois, commerçants et rentiers,

Sans regret désertant tous leurs lointains quartiers,

Vers la plage d'*Arenc* émigreront en masse,

Pressés d'y conquérir la plus chétive place,

Trop heureux de payer, mansarde ou corridor,

Chaque atome de sol, un napoléon d'or.

Vers le foyer du cœur toujours le sang abonde ;

Partout où s'ouvre un port une ville se fonde ;

Et de l'ordre éternel rien n'arrête le cours.

Faites-en votre deuil, hommes des anciens jours,

Casaniers citadins dont le gîte s'enclave

Au *faubourg Silvabelle* et dans la *ville-Chave* !

Vos songes de grandeur pour ces manoirs lointains

S'envolent, emportés par de nouveaux destins ;

Vous rêviez que *Marseille*, en cité campagnarde,

S'étendrait sur *la plaine* et le pic de *La Garde ;*

Elle n'a pas voulu d'un édredon pareil ;

Elle court au Couchant, comme fait le soleil.

Rassurez-vous, pourtant ; dans vos discrètes rues

Vous ne marcherez pas sur les herbes accrues ;
Deux cent mille habitants, rentiers ou travailleurs,
Suffisent pour remplir tous les quartiers. D'ailleurs,
Il faut bien, ici, là, qu'un recoin de la ville
Offre à l'ex-armateur des limbes pour asile,
Et que, puisqu'à Paris elle donne la main,
Marseille ait comme lui son *faubourg Saint-Germain*.
Mais, l'oracle en est sûr, elle fuit, elle passe
Vers un point opposé, dans un plus libre espace,
Le plus beau que jamais, dans l'abîme grondant,
Neptune improvisa par deux coups de trident.
Si vous voulez la voir la reine basanée,
Dominant de son front la Méditerranée,
De toutes les cités dépassant le niveau,
Venez la contempler sur son trône nouveau,
Et ne la cherchez pas au fond de ses murailles,
Au forum de *la Bourse*, à la place *Noailles*,
Autour du vieux bassin par dix siècles noirci ;
Vous n'y trouverez plus MARSEILLE : elle est ici.

Voilà donc ce qu'a fait la puissance d'un homme
Que je n'ai pas nommé, mais que toute voix nomme !

C'est grand! c'est colossal! c'est merveilleux! eh bien,
Ce n'est pas tout encore, ou plutôt, ce n'est rien
Devant une hyperbole à si haut point lancée,
Qu'elle donne un vertige et trouble la pensée :
Un jour que ce même homme, aux yeux noirs et perçants,
Parcourait son domaine et les bords adjacents,
Il s'arrêta devant un long rang de masures,
Devant des toits troués d'informes embrasures,
Où, de la pauvreté fétides pavillons,
Se balancent au vent des grappes de haillons,
Serpillière de murs dont l'ampleur exhaussée
Cache les profondeurs de l'antique *Phocée*.
« Eh quoi! s'écria-t-il, ce cadre vermoulu
» S'accolerait à l'œuvre où je me suis complu!
» Dans une ère nouvelle où tout grandit et change,
» Que fait là cette ville, anachronisme étrange?
» Cette lèpre, étendant ces contacts mitoyens,
» Doit-elle dégrader le vieux port et les miens?
» Non ; sur ces noirs clapiers le ciel ne doit pas luire ;
» Ces hideurs tomberont; je veux les reconstruire ;
» Dans ces murs qu'on ne peut aborder sans parfum,
» Comme aux jours de Belzunze, en mil sept cent vingt-un,

» Dans ce vieux sédiment de la peste première
» Je veux répandre l'air, la santé, la lumière ;
» Je les nivellerai de leurs vastes débris ;
» J'y mettrai des hôtels, de spacieux lambris.
» Ce n'est pas tout : je veux que, plus belle, plus grande,
» Jusqu'au poudreux *Saint-Louis* cette ville s'étende,
» Et de là, par un frais et large boulevard,
» A la pointe où surgit la *Villa Raynouard ;*
» Oui, de ces soupiraux bordés de précipices
» Sortiront, sous ma main, des bazars, des hospices,
» Des temples, des palais où logerait un roi.
» Qu'elle se vende ! il est un acheteur : c'est moi ! »

C'en est trop ! la fortune éblouit ton courage ;
Quoi ! *Mirès*, tu te prends à ce nouvel ouvrage !
Quoi ! ce n'est pas assez de ta création
Que mille autres croiraient trop haute ambition :
Et tu veux, maintenant, dans ta fiévreuse extase,
Acheter, démolir, remonter sur sa base,
Et plus grande et plus belle, efforts exorbitants,
Toute la *vieille ville* aux cent mille habitants !
Quoi ! cet aspect n'a pas effrayé tes paupières !

Et tu crois manier trois cents arpents de pierres
Aussi facilement que, du bout de ses doigts,
Un enfant dans ses jeux fait des villes de bois !
Ah ! tes bras seuls, si forts qu'ils puissent nous paraître,
Fléchiraient sous ce poids, s'y briseraient peut-être ;
Mais tu peux, sans avoir la moindre honte au front,
Invoquer d'autres bras qui te seconderont ;
Quand Atlas fut lassé de soutenir le pôle,
D'Hercule, sans rougir, il emprunta l'épaule.
Parle, fais un appel patriotique et franc
A *Marseille*, où ton nom est devenu si grand,
Aux rois de la finance, amis des nobles choses ;
Ouvre-leur une part dans tes plans grandioses,
Convoque tous les cœurs que n'épouvante pas
Un but inaccessible au vulgaire compas ;
Donne un signal ; ta voix ne sera pas perdue ;
Ils accourront en foule, et l'œuvre, quoique ardue,
Ne les laissera point avec le repentir
De s'être associés en vain pour la bâtir ;
Et ce ne sera pas une éphémère gloire
D'avoir réalisé ton vœu réparatoire,
D'avoir fait une jeune et splendide cité

D'une aïeule expirant dans sa caducité,
De l'avoir redressée à la place précise
Où par ses fondateurs sa base fut assise,
D'avoir ressuscité ses décombres croulants
Dont la date remonte à près de trois mille ans.

Oui, certe ! il serait beau, sauvant la grande aïeule,
De fondre trois cités en une cité seule,
De cimenter en bloc, sur un même terrain,
L'âge antique et moderne et le contemporain.

Mais quand même il faudrait, brisant notre utopie,
Laisser ta vieille enceinte en sa fange accroupie,
N'as-tu pas, ô *Marseille!* assez de beaux rayons
Sur le nouveau théâtre où nous te déployons?
Les splendeurs que sur toi ce siècle a fait éclore
De tes prospérités ne furent que l'aurore;
C'est maintenant surtout que doit battre ton sein,
Maintenant que la guerre a déserté l'Euxin,
Et qu'en ses arsenaux, rouilleuses catacombes,
Elle éteint les débris de ses dernières bombes;
C'est maintenant, avec la paix que tout bénit,

Que tu vas t'élancer à ton plus haut zénith ;
C'est maintenant qu'il faut monter à la *Tourette*,
Avec les yeux du peintre et l'âme du poëte,
Pour voir venir du large, au souffle du beau temps,
Toutes ces légions de visiteurs flottants,
Pavoisés de signaux, de longues banderoles,
Ceux d'Italie et ceux des rives espagnoles,
Les Levantins, cinglant sous d'immenses huniers,
Les Russes d'Odessa qui portent des greniers,
Danois, Norwégiens, apathiques Bataves,
Américains du Nord, aux légères étraves,
Steamers de Liverpool, avec leurs mâts géants,
Qui s'engouffrent au sein de nos deux ports béants,
Vident au large quai leurs flancs et leur poitrine,
Et, sous le long tunnel de la gare marine,
Transformés en wagons, volent sous d'autres cieux,
En portant leurs tributs sur de triples essieux.

Eh ! que sera-ce donc quand de son creux domaine
Sortira tout à coup, par la puissance humaine
(Et notre âge bientôt en sera le témoin),
La mer à qui Dieu dit : Tu n'iras pas plus loin ;

Quand, du golfe Arabique aux sables de Péluse,
L'Égypte brisera sa formidable écluse ;
Quand un nouveau Gama, par un chemin plus droit,
Aura contraint cet isthme à devenir détroit ;
Et que, par cette route à deux embarcadères,
Les vaisseaux de l'Europe, énormes dromadaires,
Au *port Napoléon*, sans péril ni retard,
Arriveront de l'Inde en trompant Gibraltar.

www.ingramcontent.com/pod-product-compliance
Lightning Source LLC
Chambersburg PA
CBHW060632050426
42451CB00012B/2549